시인의 길

임금남 시조집

작가의 말

꽃이 우리와 눈맞춤하는 계절입니다.
설레는 이 마음 눈치챘는지 어느새 가슴속에 들어앉아 곱게 물들어갑니다.
아름다운 향기 살짝 훔쳐 와 시조집 출간에 도전장을 내밀었습니다.
시집에 이어 디카시집을 비롯해 이번엔 처음으로 시조집을 선보이기로 했습니다.
항상 먹는 반찬보다는 계절따라 색다른 밥상을 차려내야 문인들이나 독자들이 좋아할 것입니다.
처음 시도한 시조집이라는 별미가 모든 분들의 입맛에 딱 맞았으면 참 좋겠습니다.
다른 문인들과 달리 저는 직장에 매인 몸이라 제대로 다듬지 못해 글이 시고 짜고 매울 것입니다.
이 점 고려해 주시면 고맙겠습니다.
앞으로 입맛에 맞는 글감으로 식단을 마련하기 위해 더욱 노력하겠습니다.
끝으로 저를 이끌어 주신 박덕은 교수님께 감사드리고 가족 모두에게도 고마움을 전합니다.

정원에 활짝 핀 꽃들을 바라보며
임금남 삼가 올림

축시

임금남 시인

박덕은

흥건한 풀벌레 소리 방목해
시골의 흙내음 가득한
동산에 꽃피어난 노래
벌써부터 꿈줄기였다

식물성의 혈통 잇고 있는
작은 텃밭에 자리잡고 앉아
신비의 개울소리
마중물로 길어다 키웠다

다정하고 화사한 봄의 예법대로
무성히 자란 송이 송이
돌담 너머 너울 너울
찬란한 리듬을 덧칠했다

한낮에는 노동의 깃으로
땀방울의 의미를
쓰다듬고 수놓아 등에 지고

평온한 저녁의 방향으로
귀가 자라는 퇴근길에는
곳곳에서
낭만의 발걸음 모아 모아
새로운 감성의 길을 텄다

노을의 문장을 발췌하는
방식의 해름참에는
선비책상 앞에서
시심의 서체들을 휘갈겨
고뇌의 문장 일궈냈다

낮과 밤의 표정과 말투가 환하게
날마다 쏟아낸 감사의 향기
작은 전등 아래 쉬게 한 뒤
은하 속으로 기도를 올려놓았다

눈뜨는 지상의 첫 얼굴 같은
새벽녘에는 활기찬 의식 데리고
상쾌한 산책길에 나서며
못다 한 외침들 촉촉이 복습했다

햇귀 큰 우산처럼 뻗어올 때는
감동의 인생길 한복판에서
향수의 눈물로 시조 한 수씩 빚어냈다.

차례

작가의 말 · 7
축시/박덕은 · 8

제1부

아지랑이 꽃길 따라

18_ 봄 뜨락
19_ 신호등
20_ 어리석은 상상
21_ 때가 되면
22_ 아지랑이 꽃길 따라
23_ 홍수
24_ 여름이 펼친 작문
25_ 소금
26_ 밤을 품에 안고
27_ 무대포
28_ 회춘을 꿈꾸며
29_ 이세의 꿈을 안고
30_ 강강수월래
31_ 일기
32_ 국상
33_ 보물
34_ 호박꽃은 싫어
35_ 힘든 고갯길
36_ 당신은 어디에

제2부 향수에 젖어

38_ 어디까지 왔나
39_ 꽃 동네
40_ 눈에 얽힌 낭만
41_ 염치없는 눈
42_ 봄 기지개
43_ 상상
44_ 사투리·1
45_ 사투리·2
46_ 사투리·3
47_ 사고는 예고 없다
48_ 동백꽃
49_ 싸리버섯
50_ 즐거움이 팡팡
51_ 풍경
52_ 폭설·1
53_ 폭설·2
54_ 세배하는 날
55_ 향수에 젖어
56_ 봄소식
57_ 관광 코스
58_ 안목을 낮추자

제3부 기분 좋은 날

60_ 나에게도 햇살이
61_ 쉼터
62_ 꽃들의 속삭임
63_ 새벽을 가르며
64_ 한 잔 술에
65_ 야망
66_ 황혼의 무지갯길
67_ 내 몫에 올인
68_ 엄마는 어디에
69_ 기분 좋은 날
70_ 보리
71_ 너는 청량제
72_ 언젠가는
73_ 시장이 집안에
74_ 봉화 마을
75_ 밤 보따리
76_ 세월이 새긴 무늬
77_ 사모함
78_ 핫팩
79_ 귀찮은 존재
80_ 전환점

제4부 신선 식품

82_ 신선 식품
83_ 나이
84_ 전설에 얽힌 사연
85_ 잔디
86_ 뒤안길
87_ 외톨이
88_ 깜짝 쇼
89_ 흉가
90_ 흰구름
91_ 건강 충전소
92_ 닮고 싶어
93_ 바둑이도 한몫
94_ 홍시가 되어버린 인생
95_ 인내는 성공
96_ 노력의 대가
97_ 술이 세상을 차지하고
98_ 봄을 뒤로 하고
99_ 직장인
100_ 궁궐 풍경

제5부 하늘을 바라보며

102_ 보배동이
103_ 초겨울 단상
104_ 겨울 빛깔
105_ 현 삶에 만족하자
106_ 길잡이
107_ 당신을 못 잊어
108_ 봄날 작문
109_ 포기는 실패
110_ 추억 파노라마
111_ 맹세
112_ 생의 터전
113_ 별난 일기
114_ 단풍
115_ 삼월이 펼친 작품
116_ 회갑 기념
117_ 하늘을 바라보며
118_ 오순도순
119_ 과거 필름
120_ 낙엽 부인

제6부

이때쯤

122_ 목적지가 어디인지
123_ 생의 윤활유는 잠
124_ 무등산
125_ 부부
126_ 울적할 때
127_ 낙엽
128_ 여가를 즐기며
129_ 연꽃
130_ 이치
131_ 나들이
132_ 희귀 바위
133_ 냉장고
134_ 나팔꽃
135_ 추석
136_ 화투
137_ 조상님 만나는 날
138_ 밤사이
139_ 봄을 한꺼번에
140_ 제비
141_ 탄핵 발표
142_ 이때쯤
143_ 입추
144_ 투표하는 날

145_ 평설/박덕은

제1부

아지랑이 꽃길 따라

봄 뜨락

겨우내 언 땅속에 깊은 잠 실컷 자고
어렴풋 들려오는 새싹들 꿈틀거림
춘분은 생명 잉태한 신비로운 조물주

자연의 지시하에 이 땅에 태어나서
예쁜 꽃 많이 피워 슬픈 자 위로하며
기쁨도 함께 나누고 새 희망도 안긴다

수선화 곱게 피어 한 마리 나비인 듯
날갯짓 팔랑팔랑 참으로 아름답다
꽃인지 나비 떼인지 헷갈리는 어여쁨.

신호등

인간의 능력 앞선 삼원색 자동 불빛
시킨 적 없지만은 스스로 법 지킨다
전기의 침묵 지시에 국민 모두 따른다.

어리석은 상상

솔 향기 풋풋하게 퍼지는 울창한 숲
바위에 걸터앉아 하늘을 바라본다
흰구름 새하얀 무늬 눈덩이를 닮았다

어느 날 내가 만약 선녀로 변신하면
날개옷 갈아입고 구름 위 훨훨 날아
달과 별 한자리 모여 즐길 수가 있을까

망상은 자유지만 현실은 개꿈 불과
바닥에 기어다닌 벌레가 난다는 뜻
아서라 정신 차리고 냉수 한 잔 마신다.

때가 되면

당신과 함께했던 사랑이 머물던 곳
지금은 헤어진 삶 그 자리 발자취뿐
지난날 생각할수록 아쉬움만 쌓인다

흘러간 시간들은 하룻밤 꿈속 불과
현실을 기억하며 미래를 쫓아간다
새봄이 다시 오듯이 소식 또한 온다고

머나먼 남쪽 하늘 흰구름 헤쳐가며
임 소식 입에 물고 힘차게 날아온다
깜찍한 제비 우체부 너무나도 반갑다.

아지랑이 꽃길 따라

봄 내음 물씬 풍긴 산자락 언덕배기
매화꽃 옹골지게 피어나 봉실봉실
손자 놈 귀여움보다 더 예쁘게 피었다

연둣빛 짙어가는 어느 날 오후쯤에
카메라 둘러메고 봄 사냥 나가는 길
챙 넓은 모자 틈새로 봄 햇살이 엿본다

길섶에 민들레도 반갑게 맞이하고
담장 밑 제비꽃도 함초롬 바라본다
셔터의 예리한 동작 봄꽃 취해 찰카닥.

홍수

소낙비 느닷없이 온누리 쏟아붓고
바람은 신바람나 북 장구 두들기며
진종일 춤과 노래로 끝날 줄을 모른다

마을 앞 개천물에 줄줄이 떠내려간
엄청난 쓰레기들 마라톤 선수 행렬
무조건 달리고 달려 골인 지점 멈춘다

한바탕 물 폭탄에 도로는 엉망진창
곳곳이 파손되고 산자락 낙석 붕괴
허허 참 날씨 전쟁이 인간 전쟁 앞선다.

여름이 펼친 작문

내 고향 황룡강은 재첩이 많이 있다
발길로 모래 갈면 한 움큼 나타난다
얼마나 옹골진가는 경험해야 아는 것

보리밥 푹푹 삶아 된장과 청량고추
삼인조 어울리면 희뿌연 국물 맛에
어느새 밥 한 공기가 바닥 보여 아쉽다

밭매고 집에 오면 텃밭에 오이 따서
채 썰어 새콤달콤 냉국은 여름 별미
땀띠 난 엄니 등목 물 더위 쫓는 처방 약.

소금

음식에 꼭 필요한 최상의 조미 양념
따가운 태양 아래 은구슬 반짝반짝
날마다 수량 늘어나 은빛 물결 이룬다

드넓은 널빤지에 수북이 쌓인 흰쌀
햇볕에 송알송알 웃음꽃 안겨주고
당그래 지나가는 길 노적 탑이 쌓인다

햇살은 얘네들을 키워낸 영양제다
가물면 돈이 팡팡 장마 땐 적자 생활
부자냐 가난이냐는 날씨 패에 달렸다.

밤을 품에 안고

초승달 희미한 밤 샛별이 뒤따르고
검푸른 하늘가엔 흰구름 띄엄띄엄
누구를 기다리는지 꿈쩍 않고 서 있다

소나무 우듬지에 다정한 백학 한 쌍
모가지 비비면서 사랑물 흥건하다
날개를 퍼덕이더니 열정 속에 빠진다

일월의 텅 빈 들녘 배고픈 뱃속 같다
풍성한 곡식들은 주인집 찾아가고
찬바람 진눈개비만 적막 속에 잠긴다.

무대포

겁 없는 저 아줌마 욕심이 무한이다
시인의 명예만은 만족지 않다면서
가수도 되고 싶다며 노래 교실 다닌다

포부는 널벅지 통 시시한 노래 따윈
상대도 않는다며 명가수 꿈꾼다
가곡엔 조수미 정도 트롯트는 나훈아

어머나 저 여인네 하늘을 나는구만
뜻대로 될 줄 알고 주제를 알아야지
가잖은 허무맹랑한 그녀 행동 웃긴다.

회춘을 꿈꾸며

젊음은 낙엽 되어 뜨락에 흩날리고
엉성한 몸뚱이는 살얼음 닮아가니
남는 건 질병 병사들 유락장이 되었다

어제는 허리 통증 오늘은 어깨 결림
날마다 차례차례 찾아내 닥친 대로
온몸이 성한 곳 없이 들쑤시며 설친다

더 이상 못 견디니 운동과 예방접종
철저히 지켜가며 건강 약 도우미로
수비군 방어막 쌓아 우승 깃발 꽂았다.

이세의 꿈을 안고

무덤을 끌어안고 통곡한 여인이여
어쩌다 그리 일찍 이별을 맞이했소
하늘도 슬픔에 젖어 하루 종일 울어요

이봐요 따라갈 수 없는 길 그곳인데
이제는 포기하고 독한 맘 가지세요
그것이 낭군 사랑한 요조숙녀 깊은 정

다행히 씨앗 하나 뿌려줘 고마워요
날마다 쑥쑥 자라 이제는 의젓해요
미래의 훌륭한 장군 용맹함이 보여요.

강강수월래

둥근달 하늘 가득 퍼지는 정월 보름
아낙들 모두 모여 민속춤 펼쳐진다
온 국민 흥겨운 잔치 대한민국 전통춤

꽃처럼 고운 얼굴 보름달 닮아가고
옷고름 펄럭펄럭 풍년이 주렁주렁
한 해의 희망 보듬고 빙빙 돌며 즐긴다

흥겨운 율동 맞춰 부르는 노랫가락
온 고을 퍼져 나가 풍악 속 취해 가고
단풍빛 고운 옷맵시 각양각색 곱구나.

일기

연둣빛 방긋방긋 따스한 어느 봄날
허공은 텅텅 비고 하늘은 맑디맑아
무작정 계획도 없이 발길 따라 걷는다

가다가 들꽃 만나 이야기 나눌 때면
지난날 모든 잡념 깨끗이 지워지고
눈앞에 보이는 정경 꽃밭으로 보인다

동백꽃 흐드러져 공원 길 걸어가면
왼쪽에 시장 있고 오른쪽 병원 있다
맞은편 초등학교에 태극기가 멋지다.

국상

온누리 소복 차림 이 나라 초상일까
새하얀 상주복에 마음이 숙연하다
한 나라 국왕 가는 길 날씨조차 웁니다

백성들 흘린 눈물 대지를 적시면서
흰빛이 녹아내려 연둣빛 뾰족뾰족
마지막 떠난 길까지 나라 살림 살핀다

한때의 괴로운 날 깨끗이 쓸어가며
오로지 백성에게 베푸는 풍년 작물
파란빛 일렁인 들녘 햇살 속에 빛난다.

보물

비릿한 바다 내음 연이어 풍겨오는
동해안 끄트머리 태곳적 자연 바위
긴 세월 큰 꿈 껴안고 세상 향해 서 있다

태양이 윤기 내고 해풍이 다듬어낸
희귀한 천연 작품 국보급 보전 품목
석공도 따를 수 없는 사상 최고 명품석

새파란 이끼 단장 물새 떼 보금자리
다람쥐 놀이터에 햇살은 반짝반짝
오늘도 황금 덩어리 무게 잡고 뽐낸다.

호박꽃은 싫어

거울에 비친 얼굴 저 사람 누구일까
젊음을 도둑맞은 추레한 시간 딱지
복사꽃 고운 얼굴은 누구에게 줬을까

어느새 손자 손녀 결혼할 꽉 찬 나이
쟤네들 바라보면 당연한 일이지만
나만을 생각한 마음 세월 향해 묻는다.

힘든 고갯길

산기슭 경치 좋은 천연석 널판 바위
날마다 중년 신사 타령곡 열창이다
창 소리 계곡 무질러 노송나무 머문다

얼마를 기다려야 명인을 얻어 낼까
정상이 코앞이니 조금만 기다려라
바람이 박수 보내고 떡갈잎도 춤춘다

동쪽 해 떠오르듯 때 되면 이름 올라
명예를 움켜쥐고 온 세상 주름잡는
거인 꿈 이루었다고 소리 높일 때 온다.

당신은 어디에

초원에 뒹굴면서 하늘과 마주한다
흰구름 듬성듬성 꽃송이 그려 놓고
날 보라 애교 부리며 방실방실 웃는다

저리도 눈부시게 빛나는 자연 작품
그대와 함께라면 더한층 좋으련만
몇 년째 메시지 한 줄 연락 없는 임이여.

제2부

―

향수에 젖어

어디까지 왔나

겨울이 늦잠 자고 이제야 일어났다
이월이 성큼성큼 막바지 향하는데
날씨는 한파 발령에 대설 날씨 앞선다

춘설이 매화꽃에 다소곳 내려앉아
서로가 자리다툼 하는지 소란하다
공정한 햇살 심판에 하얀 눈물 주르륵

봄 햇살 기분 좋아 까르르 웃어대고
덩달아 아지랑이 합세해 반짝반짝
날마다 봄이 익어간 환호 소리 정겹다.

꽃 동네

시냇가 버드나무
물결에 찰랑찰랑
아낙들
빨래터에 웃음꽃 자글자글
거기에 꾀꼬리 한 쌍
비단 가락 펼친다.

눈에 얽힌 낭만

알람이 호통치는 첫새벽 다섯 시 반
언제나 그랬듯이 이불을 걷어차고
두툼한 운동복 차림 완전 무장 완료다

밤사이 눈이 흠뻑 온누리 소복소복
눈 쌓인 첫 발자국 도장이 신기하다
이 기분 걷는 자만이 느낌 오는 짜릿함

가로등 불빛 아래 반짝인 은빛 물체
가던 길 잠깐 멈춰 한 움큼 쥐어본다
즐거움 한 덩어리가 가슴 깊이 스민다

새벽에 전신 운동 다방면 유익하고
흐린 눈 맑아지며 마음도 개운하다
첫 번째 내 몸 보살핌 운동으로 지킨다.

염치없는 눈

월요일 시작한 눈
한 주가 다 가도록
하루도 쉬지 않고
차분히 퍼붓는다
꽉 채운 곳간 한 채를
다 비워낼 태세다.

봄 기지개

따스한 햇살 아래 연둣빛 솟아나고
언덕에 봄을 캐는 아낙들 시끌벅적
향긋한 쑥향 내음이 봄맞이꾼 부른다

잠자던 개구리도 긴 하품 몰아 쉬며
움츠린 몸뚱어리 활짝 펴 힘껏 뛴다
생명이 숨 쉬는 소리 곳곳에서 들린다.

상상

희디흰
뭉게구름 한 아름 걷어내려
두둥실 올라타고
하늘에 가고 싶다
바람아
날 구름 태워 구경 가면 안 되니.

사투리·1

넓덕한 밀대 모자 겁나게 멋져부유
낯바닥 다 개래져 생긴 것 안 보여유
이보소 색시 아지매 이쁜 상판 왜 감차

생긴 판 고로코롬 이쁜디 멀라 개래
꺼머니 타져도라 그 모양 거그 있소
그렁께 인자는 절대 모자 쓰덜 마시유

이 동네 인물인디 차라코 수건 쓰슈
웃동네 아짐씨들 호박꽃 미추리에
멋한개 우리 마을과 대볼 것이 있간디

온 동네 사람덜이 이 마을 부럽대유
그런디 박 이장이 못 오게 헌답디다
맬강물 꾸정물 섞여 시궁창 물 된다고.

사투리·2

거그 너
또랑 뽀짝 서 있는 모시매야
한쪽에 쪼까만 더
치나면 안 대건냐
몸땡이 황소 탁해서
쪼까는 길 맥켰어.

사투리·3

앞집에 촌 망구는 미너리 복이 만해
살림을 징그락게 잘헌다 소문 났슈
부삭작 솥단지가유 민경처럼 말게유

웠다메 온 집안이 꼬순내 난당께유
아구메 배 아픈 거 오기나 못 살 것네
쩌 집은 향수 냄시고 우리 집은 쉰 냄시

애미야 넌 귀 없냐 앞집에 칭찬 소식
속상해 못 살 것어 니도 좀 따라혀 봐
늙은이 거만 떠는 거 애욕질이 나구먼

엄니요 알았수다 치우고 씰고 딱고
발바닥 불났응께 쩌작에 계시라요
워때요 쩌집 앞섰죠 오냐 오냐 최고다.

사고는 예고 없다

구름이 그려 놓은 우아한 작품 한 점
새파란 융단 위에 흰 무늬 범벅이다
맘대로 그렸는데도 저리 곱게 빛날까

따스한 햇살 안고 하늘을 희롱하듯
고도를 낮추면서 높이고 자유자재
다시는 비행기 사고 발생 없길 바란다

갈수록 해외 관광 늘어난 추세인데
머릿속 불안감이 깊숙이 묻혀 있다
확실한 대책 방법은 비행기를 안 탈 것.

동백꽃

설경을 붉게 물든 때 아닌 신비의 꽃
한파에 저리 곱게 꽃송이 수놓을까
도도한 저 모습에서 감탄사가 터진다

온누리 맑은 햇살 한없이 청명하고
꽃 위로 질겅질겅 걸어간 따스한 빛
어찌나 아름다운지 사진 한 컷 남겼다.

싸리버섯

소나무 그늘 속에
튼실한 미니 요정
퇴비의 양분으로
우량품 만점이다
영양이 골고루 뭉쳐
인삼 동삼 앞선다.

즐거움이 팡팡

비 개인 파란 하늘 세수한 맑은 얼굴
이틀간 눈물 콧물 흘렸던 흔적 없고
어느새 화사한 단장 갓 시집온 새색시

화초들 쑥쑥 자라 꽃피어 활짝 웃고
앵무새 쫑알쫑알 짝 찾아 안달났다
멋진 옷 잘생긴 모습 언제 봐도 예쁘다

대지에 모든 식물 햇살에 반짝반짝
이 마음 함께 따라 호시절 맞이한다
구름아 쉬어가거라 빨리 가면 싫단다.

풍경

푸른 강 끝이 없는 머나먼 끄트머리
새하얀 홈드레스 한 자락 걸려 있다
공주가 달님 주려고 벗어 놓은 예쁜 옷

어둠이 저만치서 저녁을 몰고 온다
철새들 무리 지어 정답게 하늘 날고
남쪽에 훈훈한 바람 꽃향기에 취한다.

폭설·1

하늘 문 활짝 열고 쏟아낸 희디흰 쌀
곳간도 노적 탑도 보이지 않았는데
어디에 저장했는지 하루 종일 퍼낸다

온누리 소복소복 골고루 하얀 세상
장독대 고봉으로 퍼 담은 상 머슴밥
과거엔 밥 배부르게 먹는 것이 큰 행복

봄이면 오다가다 밀가루 수제비 죽
여름엔 꽁보리밥 가을엔 국민 생일
옛날에 선조들 생활 눈물겹게 짠하다.

폭설·2

일월이 데리고 온 동장군 무장 병사
한동안 조용하던 날씬데 이게 웬걸
진격은 지금부터니 덤빌 테면 덤벼라

온 시민 벌벌 떨며 맞서지 못한 상황
더욱더 의기양양 몰려온 강렬한 적
마침내 도로를 점령 도피 길을 막는다.

세배하는 날

어느새 고유 명절 설날이 지나갔다
오 일간 긴 연휴가 허리만 굽혀놨다
현 시대 간편하다고 말하지만 난 아냐

차례상 차릴 음식 자식들 먹을 것에
할 일이 끝이 없어 짜증만 더해 간다
장남이 무슨 죄인지 차손들은 상팔자

부러워 설 안 쇠고 해외 간 친구 가족
누구는 일에 묻혀 통증에 시달린데
세상 참 고르지 못해 심술 병이 도진다

공휴일 끝나는 날 행운의 오후 두 시
시조가 노크하며 내게로 다가온다
어머나 반가운 친구 대상 선물 고마워.

향수에 젖어

여기는 전라남도 중심지 화순 읍내
산 좋고 경치 좋아 청정수 갖춘 마을
언제든 환영하니까 누구든지 오세요

모두가 흥부 마음 인심도 후하지요
한 달만 살아보면 피부로 느껴져요
오십 년 살아본 증인 노후 생활 일등 읍

곳곳에 종합 병원 시장은 읍내 중심
산책은 만연 호수 학군은 초중고교
교통은 군내 버스에 시내버스 줄줄이

어때요 이만하면 살 만한 동네지요
어디든 마음먹기 달렸다 말하지만
그래도 본바닥 인심 갖춘 곳이 좋지요.

봄소식

삼월이
꽃 손님을 초대한 따스한 날
곳곳에 환한 미소
뜨락을 수놓는다
저 멀리
아지랑이도 은빛 속에 춤춘다.

관광 코스

동구리 만연 호수 둘레길 걷다 보면
구름이 물결 위에 내려와 춤을 추고
봄이면 주변 전체가 철쭉 속에 묻힌다

산자락 군데군데 터 잡은 호화 별장
고위층 회장 교수 주말용 안식처다
부러워 돈 냄새 풍긴 그림 같은 멋진 집

또 하나 자랑거리 큰 재에 올라서면
근사한 팔각정에 청정수 유명하다
오른쪽 백 미터 거리 편백숲 향 좋아요.

안목을 낮추자

오늘도 엄마 손엔 사랑방 신문이다
며칠째 마음에 든 일자리 찾고 있다
눈높이 낮추어 보면 일할 곳은 널렸다

생활이 어려워서 돈벌이 원한다면
뭐든지 잡힌 대로 고맙게 해야 한다
정말로 배고프다면 청소 일도 할 거다.

제3부

―

기분 좋은 날

나에게도 햇살이

설익은 땡감처럼 떨떨한 하루였다
날마다 달콤한 날 바랄순 없다지만
일 년에 한 번이라도 대박 나면 좋겠다

한 생을 살다 보면 별난 일 다 겪는 것
견디고 헤쳐가며 사는 게 우리 인생
모든 일 뜻대로라면 성가신 일 없겠지

오늘은 처음으로 복권을 두 장 샀다
동전이 닳아지게 긁으며 소원 빈다
대박의 마지막 복권 일억 원이 보인다

심봤다 나도 이젠 돈 많은 알부자다
고생은 물러가고 행운아 어서 와라
한순간 시녀 행렬에 꽃가마 탄 마마다.

쉼터

동구 밖 정자나무 세월을 끌어안고
이 마을 우상 되어 그늘을 제공한다
한 차례 시원한 바람 스쳐 가면 완전 짱

길 걷는 나그네들 지친 몸 쉬어가고
할머니 할아버지 유일한 쉼터 공간
서로가 자식 자랑에 해 지는 줄 모른다

내일은 누구네 집 손자가 등장할까
사방이 플래카드 물결로 펄럭펄럭
이곳은 터가 좋다고 소문 난 곳 영재 길.

꽃들의 속삭임

봄볕이
외출 나와 서성인 정원 뜨락
개나리 함박웃음 터뜨린
고운 빛깔
너무나 신비스럽고
앙증맞은 자태다.

새벽을 가르며

첫새벽 다섯 시에 민가는 고요한데
도로는 곳곳에서 자동차 불빛이다
세상은 어수선해도 제 할 일은 다한다

운동길 첫 만남은 미화원 아저씨들
거리에 군데군데 모여진 쓰레기들
깨끗이 처리해 주는 고을 일꾼 용사들

여름철 음식물은 지독한 썩은 냄새
묵묵히 참아내며 말끔히 치워 주는
일등 급 천사 주역들 너무나도 고맙다.

한 잔 술에

여보가 떠오르며 자꾸만 보고 싶다
있을 땐 무관심이 없으니 허전하다
나에겐 소중한 당신 둘도 없는 내 낭군

초저녁 밝은 달빛 옷섶에 내려앉아
만지고 달래면서 때 되면 따라가니
얌전히 기다리라고 귓속말로 전한다.

야망

다가올 내일 위해 오늘을 반납하고
혹시나 행운 찾아 열심히 뛰고 뛴다
시간을 꼭 부여잡고 총총걸음 따른다

바람도 묶어놓고 끝없는 광야 향해
한 마리 사슴 되어 초고속 달려간다
저 멀리 미래의 종점 어서 오라 반긴다.

황혼의 무지갯길

진종일 허드렛일 해결한 고된 삭신
그 무게 방바닥에 부리고 신세 한탄
세상사 밥 먹고 살기 너무너무 힘들다

만약에 주춧돌인 허리가 고장 나면
노년의 생활계획 때 지난 보증 수표
적신호 떨어지기 전 어서 빨리 건너자

이제는 아침 햇살 해 뜨는 동쪽 하늘
인내는 쓰다지만 결과는 달콤한 것
몇십 년 노력한 대가 흐드러진 꽃밭 길.

내 몫에 올인

싱싱한 청춘 팔아 노적만 높였더니
노력은 자식들 몫 질병은 내 몫이네
아이고 바보 멍청이 내 손으로 묘 팠네

이보게 벗님네들 첫째는 건강일세
저축은 나 몰라라 눈감고 잘 먹게나
날마다 먹고 싶은 것 이것저것 다 먹소

친구야 자네 충고 귀담아 실행함세
남은 삶 최선 다해 여생 길 잘 지낼게
남들이 내 건강까지 챙겨 줄 순 없잖나.

엄마는 어디에

햇살이 자리 잡은 담장 밑 그 언저리
귀여운 아기 참새 혼자서 슬피 운다
엄마를 찾아 헤매던 동화책 속 미아다

잠시 후 어미 참새 먹잇감 물고 온다
기뻐서 폴짝폴짝 뛰면서 달려든다
잠깐의 시간인데도 저렇게나 좋을까.

기분 좋은 날

새하얀 구름 위에 푸른 꿈 얹어 놓고
미래의 설계도면 머릿속 그려본다
여러분 내 맘 아는지 야망 품은 저 꿈을

끝없는 도화지에 붓끝이 요동친다
마음속 상상력을 욕심껏 표출하며
하늘에 도요새 한 쌍 생생하게 그린다

삼천리 이 나라에 무궁화 만발하고
가지엔 온갖 열매 알알이 익어가니
남은 삶 건강 잘 챙겨 백세 장수 합시다.

보리

새하얀 이불 덮고 얼마나 오래 잤나
눈뜨니 한 뼘 자라 오동통 살쪄 있다
삼월이 햇살 한 트럭 퍼다 붓고 부르릉

저 멀리 아지랑이 춤추며 손짓한다
푸른빛 사잇길로 실바람 스쳐 가면
일제히 온몸 흔들며 오는 손님 맞이한다.

너는 청량제

햇살이 놀러 나와
서성인 정원 뜨락
수선화
함박웃음 터뜨린 아름다움
내 손자 예쁜 얼굴을
빼닮은 듯 귀엽다.

언젠가는

돌멩이 한 바지게 짊어진
생의 무게
언제쯤
호화로움 누리며 편히 살까
인내가 방긋 웃으며
행복 배달 왔어요.

시장이 집안에

옛날엔 김치통을 우물에 담갔었다
돌확에 고추 갈아 맛나게 버무리면
금시에 밥 한 공기가 바닥 보여 아쉽다

텃밭에 오이 따고 가지 따 상 차리면
풋풋한 채소 내음 군침이 꿀꺽꿀꺽
무공해 친환경 채소 안심하고 먹었다

바람이 배달 오는 시원한 이른 아침
밤이슬 내려앉아 햇살에 반짝반짝
농촌의 아침 뜨락은 싱그러움 자체다.

봉화 마을

부엉이 우는 자리 언제나 촉촉하다
근심과 피눈물로 얼룩진 증언 바위
얼마나 많고 많은 날 고민하며 갔을까

한순간 참다 보면 밝은 날 오련만은
뭐 그리 바쁘길래 다시는 못 올 길을
그 길이 꽃길이라도 산 세상이 낙원 길

노무현 대통령은 소탈한 이미지상
작업복 밀짚모자 너무나 보기 좋고
내 천자 주름진 이마 그게 바로 왕 될 상.

밤 보따리

매화꽃 살랑살랑 처녀 맘 울렁울렁
순돌이 금순이가 서울행 열차 탔다
날마다 서울 하늘만 바라보다 줄행랑

두 사람 결심하고 돈 모아 결혼해서
아들딸 쑥쑥 낳아 튼튼히 키우자고
고향에 귀향하는 날 아빠 엄마 놀라게.

세월이 새긴 무늬

까칠한 나무껍질 새겨진 엄니 손엔
살아온 이력서가 골골이 새겨졌다
복사꽃 곱던 얼굴은 누구에게 빼겼나

끝없는 과수원에 배꽃이 만발했다
가지에 웃음꽃이 넘쳐나 흐벅지고
울 엄니 다문 입술도 오랜만에 하하하

미루면 시드니까 예쁠 때 구경해요
이 몸도 젊었을 땐 꽃이라 불렀는데
이제는 시든 호박꽃 벌 나비도 무소식.

사모함

가슴 속 뿌리 박힌
그대의 따스한 정
만나면 마냥 좋고
떠나면 마음 아파
볼수록
달덩이 같은 당신 얼굴 보고파.

핫팩

서쪽에 지는 노을 한 가닥 보듬은 채
연인과 단둘이서 거니는 긴 오솔길
하루를 걷는다 해도 마냥 좋은 사랑 길

어둠이 찾아와도 모른 척 외면하고
단물에 풍덩 빠져 시간을 지워낸다
오늘은 왜 이다지도 하루해가 짧을까.

귀찮은 존재

지루한 장마철이 보름째 이어가니
온 집안 습기 차서 곰팡이 무성하다
도대체 며칠이나 더 기다려야 끝날까

태풍은 나 몰라라 온 고을 강타하고
장대비 억척스레 성질나 퍼붓는다
전쟁은 시작되었고 대항 작전 완료다

강물은 넘실넘실 강풍은 끝이 없고
빗줄기 한결같아 생활은 요지경 속
윤 통령 난리 모자라 날씨까지 보탠다.

전환점

온 산천 짊어진 듯 버거운 생의 무게
가난에 너덜거린 허접한 비애 일생
또다시 태어난다면 공주표로 살란다

상상 속 꿈꿔왔던 부자가 찾아오면
온 세상 욕심난 것 모두를 움켜쥐고
이제는 놓치지 않고 가슴 깊이 숨길래.

제4부

—

신선 식품

신선 식품

마을 앞 끄트머리 짙푸른 미나리꽝
한겨울 이겨 내며 꿋꿋이 잘 자란다
음식의 다용도 식품 비싼 것이 문제다

점심때 홍어회에 한 움큼 넣었더니
봄기운 상큼하게 입안을 꽉 채운다
여기에 막걸리 한 잔 딱 어울린 단짝궁.

나이

새해가 주는 떡국
무작정 먹고 보니
어느새 발걸음은
서쪽길 걷고 있다
세월아
가고 싶으면 혼자 가지 왜 나를.

전설에 얽힌 사연

늦가을 일요일 날 지붕에 올라갔다
큼직한 흥부 닮은 예쁜 박 옹글지다
이 박은 형님네 주고 나머지는 우리 것

내일은 박을 타서 큰 솥에 푹푹 삶아
속 긁어 조물조물 맛있게 요리해서
온 동네 풍년 잔치로 인심 한번 써 보자

윗마을 아랫마을 정답게 모여 앉아
과거에 얽힌 사연 풀면서 먹다 보니
어느새 한 양푼이가 바닥나고 말았다.

잔디

뜨락을 새파랗게 장식한 멋진 동산
삼 계절 한결같이 푸르름 과시하며
온 시민 마음 가득히 젊은 꿈을 주는 너

어릴 적 뒷동산에 올라가 뒹굴었지
뒤엉켜 깔깔대며 맘대로 소리쳤지
넘어져 피가 흘러도 아픈 줄도 몰랐지.

뒤안길

저 사람 삶의 흔적
한평생 이력서다
직장은
몇 살부터 몇 번쯤 제출했나
이제 와 주판 굴리니
정답자는 난 몰라.

외톨이

오늘은 방그레 반 야유회 수업 시간
장소는 세종 국립 수목원 견학이다
출근이 발목 붙잡아 동참하지 못했다

상장들 한강 작가 시상식 생중계를
밤 열 시 시청 일 층 모여서 관람한다
거기도 퇴근 시간이 맞지 않아 못 갔다

핸드폰 카톡방에 뜰 거라 예상하고
그 대신 혼자 남아 열심히 시상 모아
맘먹고 시조 썼는데 상상 외로 잘 썼다.

깜짝 쇼

새벽에 잠이 깨어 창밖을 바라보니
낯설은 바깥 풍경 황당해 어리둥절
밤사이 확 변해버린 꿈만 같은 진풍경

어머나 저 고양이 혼자서 신이 났네
하늘이 밤사이에 선물한 귀한 작품
저것이 망쳐 놓다니 가만두지 않겠다

환상의 설화 그림 꿈 아닌 현실이다
하루만 녹지 말고 그 모습 유지해라
순백의 청아한 빛깔 너무나도 곱잖니.

흉가

긴 세월 친친 감긴 골동품 그림 한 점
잡초들 제철 만나 맘대로 터 잡았다
곤충과 동물 가족들 점점 늘어 대만원

거미는 씨줄 날줄 비단실 그물 짜고
만삭된 고양이는 배 아파 산실 든다
곧이어 탄생 신고식 야옹야옹 귀엽다

허름한 빈집에는 동물들 산부인과
어제도 그저께도 새 생명 울음소리
민가에 아기 소식은 언제쯤에 들릴까.

흰구름

하늘을 주름잡는
새하얀 학 한 마리
커다란 날개 펴고
어디를 가는 걸까
이 몸도 따라갈 테야
학의 뒤를 따라서.

건강 충전소

가을은 산행하기 딱 좋은 계절이다
중천에 뜨는 햇살 등짝이 따끈따끈
달콤한 온갖 잡초 향 콧속 깊이 스민다

나뭇잎 떨군 가지 찬바람 낙원이다
골망태 햇살 담아 산책길 걷노라면
다람쥐 앞장서 가며 진기 묘기 부린다

도토리 데굴데굴 발끝에 걷어차면
깜찍이 주워 들고 맛있게 아삭아삭
고것 참 먹는 것조차 앙증맞고 귀엽다.

닮고 싶어

저 멀리 서쪽 하늘 석양빛 무지개여
어쩌면 고운 색채 단풍잎 닮았을까
너무나 갖고 싶어서 소리 높여 외친다

하늘에 뜨는 해는 지는 때가 고운데
이 몸은 왜 자꾸만 추해져 가는 걸까
억울해 하소연하며 물어봐도 시큰둥.

바둑이도 한몫

오월은
아카시아 만개한 달콤한 철
따라서
참깨 심고 모 심는 바쁜 시기
울 엄니 일에 보대껴
끙끙 앓는 힘든 날.

홍시가 되어버린 인생

봄인가 하는 동안 어느새 여름 오고
이제는 살 만하니 청춘이 석양 노을
세월아 너 혼자 가지 왜 나까지 데려가

이것 봐 내가 언제 오라고 했었나요
분하면 오지 말고 끝까지 버텨 봐요
열심히 돌고만 있는 시침 분침 이기나

한 번 간 지난 시간 탓해서 무얼 하나
남은 날 건강 챙겨 열심히 살아야지
그 꿈을 이루기 위해 하느님께 빌래요.

인내는 성공

꽃잎도 낙엽들도 뿔뿔이 흩어지고
뼈대만 앙상하게 자신 몸 과시하며
설한풍 적군과 싸워 이겨 내는 강인함

헐벗은 몸뚱이라 얕보면 오산이다
해마다 견뎌내는 한겨울 연례행사
삼월엔 푸른 나래 꿈 활짝 펴고 봄 만세

이제는 우리 시대 겨울아 물러나라
세상은 공평하고 계절은 돌고 돌아
또다시 푸른 잎 세상 기막히게 빠르다.

노력의 대가

봄이면 밭에 나가 풀 매고 씨 뿌린다
곡식은 무럭무럭 자라나 나풀나풀
이것이 농부들 보람 거둔 만큼 커간다

씨앗도 자식같이 온 정성 기울이면
반듯이 보답하는 기특한 식물 원리
하찮은 풀 한 포기도 거둬야만 잘 큰다.

술이 세상을 차지하고

친구와 술 마실 땐 얼큰한 해물잡탕
달콤한 소주 맛과 궁합이 완전 단짝
모두가 바쁜 수저질 기똥차게 맛있다

술 몇 잔 꿀꺽하면 세상이 내 것 된다
만사가 이 손에서 멋대로 조물조물
임 진사 길을 나서니 행인 모두 비켜라

오늘은 기분 좋아 갈지자걸음이다
얼굴은 노을 닮아 누구를 울리려나
사거리 기생 아줌마 상사병에 속앓이

보시라 진사 양반 잠깐만 쉬어가요
거동도 불편한데 한숨만 자고 가요
돌쇠야 저 요망한 것 머리채를 뽑아라.

봄을 뒤로 하고

버들잎 낭창거린 시원한 여름 냇가
꾀꼬리 꾀꼴꾀꼴 구성진 가락 맞춰
아낙네 방망이 소리 들녘 가득 퍼진다

소 몰던 머슴아이 보릿대 풀피리로
삘릴리 삘릴니리 한 곡조 넘어가고
덩달아 종달새 한 쌍 내 시대요 설친다

자연 속 오색 빛깔 넘쳐난 생태 식물
우리와 교류하며 나날이 살쪄간다
보랏빛 장다리꽃에 나비 한 쌍 춤춘다.

직장인

커피는 우리에게 심신을 달래준다
업무에 시달린 몸 조금은 위안되어
용기를 채워 넣어준 꼭 필요한 활력소

날마다 반복되는 끝없는 일거리들
휴일이 없었다면 견디기 어려운 일
요일 중 가장 싫은 날 금요일이 지겹다.

궁궐 풍경

노을빛 내려앉은 매월당 고명 아씨
화려한 꽃길 지나 연지에 다다르니
깜찍한 원앙새 한 쌍 꾸벅꾸벅 절한다

오동통 금붕어도 쪼르르 다가오며
꼬리 춤 지느러미 묘기로 관심 끈다
어느새 아씨 얼굴은 꽃송이로 변한다

이번엔 연꽃으로 눈길이 옮겨간다
어제는 다물었던 꽃망울 금시 활짝
어머나 하룻밤 사이 저리 곱게 피었군.

제5부

―

하늘을 바라보며

보배동이

내 손자 옹알이는
갈수록 금값이다
예쁜 짓
하루하루 늘어나 기쁨 무한
내일은
어떤 모습을 보일지가 초관심.

초겨울 단상

며칠째 따스한 날 이어져 가더니만
갑자기 바람까지 가세해 추워진다
농군들 막바지 작업 마무리에 바쁘다

어느새 십일월도 하반기 달려가며
단풍잎 시나브로 하나둘 떨어지고
거리에 은행나무들 찬바람에 윙윙윙

행인들 옷차림새 모두가 두툼하다
몸짓도 부지런히 움직인 모습이다
곧이어 눈 내릴 태세 화롯불이 그립다.

겨울 빛깔

간밤에 내린 눈이
딴 세상 만들었다
아무도
눈치채지 못하게 조용조용
하룻밤 설경 작품을
기막히게 그렸다.

현 삶에 만족하자

과거에 선조들은 고생만 하다 갔다
모든 일 수동식에 한시도 쉴 새 없다
먹는 건 고기는커녕 된장국도 아꼈다

지금은 거의가 다 기계화 자동 시대
옛날에 비교하면 모든 것 신선 생활
고기도 먹고 싶은 것 골라 먹는 현대인

그래도 무슨 불만 그리도 많은 건지
날마다 사건 사고 끊긴 날 없는 세상
서로가 양보 이해로 선진 사회 이루자.

길잡이

시조는 우리 앞길 열어준 유익한 글
깜깜한 머릿속이 뻥 뚫려 개운하다
이 맑은 정신 꺼내어 시조 한 편 건졌다

우리의 고전 문학 온누리 퍼져 나가
누구나 즐겨 부를 창시로 거듭나서
이 좋은 전통 율격을 온 세계에 알린다

늙어서 한탄 말고 온 실력 박박 일궈
열심히 하다 보면 쓸 만한 문장들이
하나둘 떠오르면서 좋은 글감 나온다

생활은 즐거움이 따라야 행복하듯
이제는 우리에게 익숙한 필수 종목
가까이 다가갈수록 재미있는 한 시조.

당신을 못 잊어

소주병 볼 때마다
임 모습 생각나서
어느새
나도 몰래 눈물 나 훌쩍훌쩍
그대여 왜 그리 빨리
날 버리고 갔나요.

봄날 작문

개나리 흐드러진 양지쪽 언덕배기
엊그제 머물렀던 꽃망울 오늘 활짝
시간의 밧줄에 끌려 샛노랗게 웃고 있다

덩달아 백목련도 줄줄이 피어나고
삼월이 차려놓은 화려한 꽃 잔칫상
벌 나비 쌍쌍이 모여 꿀 빠느라 바쁘다

봄철은 우리들도 꽃물에 흠뻑 젖어
꽃 따라 나비 따라 다 함께 춤추면서
남들이 소곤거려도 상관하지 않는다.

포기는 실패

빌딩이 높다 한들 백두산 밑이란다
한평생 쌓다 보면 오를 수 있으려나
아서라 허물어지면 안 한 것만 못하다

마음은 누구인들 꿈꾸지 않을까만
세상은 호락호락 뜻대로 되지 않아
천만 번 기도한다면 성공할 수 있을까

자꾸만 헛공상이 이 마음 괴롭힌다
꿈 깨자 포기해도 쉽사리 정리 안 돼
기필코 목적 달성해 이름 한 번 올리자.

추억 파노라마

고향길 향수 내음 흥건히 퍼진 마을
지난날 추억들이 줄줄이 떠오른다
그 시절 생각난 대로 백지 위에 옮긴다

예전에 황토의 땅 정겹던 동네 골목
비 오면 질컥질컥 신발이 곤죽 되어
바짓단 흙투성이로 터벅터벅 걸었지

이제 와 생각하니 그것도 시 소재감
잊기 전 어서 빨리 시 한 편 뽑아내자
눈앞에 보이는 것 다 신 발상의 시 종자

온 정성 쏟아부어 써 놓은 농익은 글
이다지 히트 작품 생각해 낼 줄이야
문학상 응모작 수준 당선이요 우하하.

맹세

다정한 우리 사이 사랑이 없었다면
오십 년 긴긴 세월 어떻게 살았을까
아무리 생각해 봐도 둘도 없는 원앙새

언젠가 다짐했다 즐겁게 지내자고
대장부 사나이 말 절대로 잊지 않아
정답게 두 손 맞잡고 오순도순 걸어요

한겨울 깊은 산속 우람한 청솔 나무
흰 너울 둘러쓰고 꿋꿋이 버텨 낸다
우리도 지치지 말고 오래오래 살아요.

생의 터전

바다가 많은 이곳 섬 동네 억척꾼들
그들의 생활 터전 오로지 물질 싸움
어쩌다 물속 뒤지는 해녀 삶이 됐을까

가난이 따라다닌 고달픈 인생살이
지금은 견딜 만한 행운의 대박 찬스
이 기회 놓치면 낭패 악착같이 붙들자

바다가 출근처인 한 서린 아줌마들
오늘도 값진 보물 얼마나 건져 올까
지쳐도 먹어야 사는 원수 같은 생명줄.

별난 일기

감나무 걸터앉은 보름달 아슬아슬
바람은 신바람 나 맘대로 불어 대고
눈치챈 흰구름 부대 부지런히 감춘다

달빛을 칭칭 감고 으스댄 고층 빌딩
은빛에 반사되어 눈부신 경관이다
저 건물 주인 누굴까 너무나도 멋지다

싸늘한 가을밤은 고요히 짙어가고
별빛은 달 가까이 다가와 소곤소곤
동쪽에 더 많은 별이 미소 짓는 늦은 밤

참새도 불면증이 심한지 들락날락
오늘 밤 이래저래 시간만 흐르는데
때마침 대봉감 홍시 간식거리 떨군다.

단풍

화사한 의상 차림 너무나 아름답다
수틀에 한 땀 한 땀 수놓은 멋스러움
어디에 전시해 놔도 손색없는 신 작품

오색 빛 곱던 몸매 뿔뿔이 흩어지고
이제는 뼈대만이 강풍과 싸우면서
기나긴 겨울나기를 씩씩하게 버틴다.

삼월이 펼친 작품

따스한 봄볕 아래 고운 꿈 듬뿍 안고
줄지어 뜨락 가득 성숙기 때 만났다
담장 밑 노란 개나리 대문 쪽엔 영산홍

봄철은 온누리가 꽃 잔치 퍼레이드
덩달아 여인들도 나들이 부산하고
한 철이 차린 잔칫상 향 내음이 폴폴폴

연분홍 드레스에 꽃 모자 아리따움
유명한 백설 공주 화려함 딱 닮았다
자신도 새색시 때는 예쁘단 말 들었지.

회갑 기념

유럽행 여객기가 하늘을 떠가던 날
낭군과 두리둥실 구름 속 헤쳐 간다
꿈인가 눈 부릅뜨고 꼬집어도 생시다

여기는 영국 시내 끝없이 펼쳐놓은
불빛에 매료되어 마음은 요동치고
내 생전 처음 느껴본 황홀감에 빠진다

독일과 이탈리아 프랑스 지나면서
시간이 멈춘다면 정말로 좋겠는데
무조건 목적지 향해 앞만 보며 떠간다

십오일 다섯 나라 관람한 멋진 여행
죽어도 여한 없는 화려한 세계 유람
한생에 큰 획을 그은 잊지 못할 페이지.

하늘을 바라보며

둥그런 달님 모습 닮기를 원했건만
갈수록 주름치마 되어간 추한 얼굴
거울도 보기 싫어서 청춘 꿈에 빠진다

저 달도 어떤 때는 구름이 심술부려
어둠 속 감춰 놓고 긴 밤을 벌 받는다
누구나 한때 고비는 겪는다고 설명 중

오늘은 음력 보름 깨끗이 세수 마친
청아한 맑은 얼굴 겁나게 욕심난다
별까지 한 가족 되어 화합 잔치 펼친다.

오순도순

기억의 문 열리면 과거가 떠오른다
현재가 질투하며 오는 길 가로막고
가거라 되돌아가라 발끈하며 외친다

쫓아도 소용없어 내 마음 내 자유야
세상이 다 네 거야 어디서 큰소리야
쌍방 간 느슨함 없이 팽팽하게 맞선다

여기서 한 발만 더 옮기면 낭떠러지
서로를 위해서는 우정의 다리 놓아
나란히 두 손 맞잡고 사이좋게 삽시다.

과거 필름

노을빛 찰랑대는 꽃무늬 소주 술잔
어느 날 느닷없이 친구가 생각나서
무심코 따라 마시는 외로움의 술 한 잔

꼬맹이 코 흘리는 그 시절 회상하며
혼자서 청승맞게 쓴 소주 홀짝홀짝
철부지 깨복쟁이들 오늘따라 그립다

순자는 자식 잘돼 미국서 생활하고
키다리 복순이는 일찍이 사장되어
모두가 살기 바빠서 얼굴 본 적 오래다.

낙엽 부인

노란빛 은행잎이 길 걷는 아주머니
머리에 내려앉아 리본이 되었네요
잠시 후 빨간 단풍잎 시샘하듯 살짝이

어머나 저것 좀 봐 저 여인 머리에는
단풍꽃 곱게 피어 가을빛 수놓네요
시월이 장식해 놓은 아름다운 인물화

불그레 복숭앗빛 너무나 이쁘네요
어쩌면 저렇게도 빼어난 인물인지
여자인 우리가 봐도 질투심이 나네요.

제6부

—

이때쯤

목적지가 어디인지

잔잔한 물결 위에 한 척의 떡갈잎 배
손님도 안 태우고 무조건 직진한다
아득히 멀어져 가는 사공 없는 텅 빈 배

저 멀리 등대지기 언제나 변함없이
한곳에 터 지키며 방향 길 안내하고
어부들 생활 터전에 도우미로 나선다

유람선 뱃머리에 태극기 휘날리고
구름은 희롱하듯 꽃무늬 그리다가
또다시 흩어지면서 다음 작품 준비 중.

생의 윤활유는 잠

하루가 계속해서 밤 없이 낮이라면
우리는 제대로 된 생활을 할 수 없다
아마도 잠 못 잔다면 일주일도 힘들다

삶에는 음악처럼 리듬에 박자 맞춰
잠을 잘 잔다면야 생활에 지장 없다
하룻밤 설치고 나면 그날 하루 기분 꽝

모두가 사는 데는 충분한 잠이 필수
아무리 잘 먹어도 자야만 건강하다
한평생 몸 지키려면 첫 번째는 잠이다.

무등산

서석대 오르는 길 힘겨운 일이지만
고생한 보람만큼 빼어난 기암괴석
안 보면 평생 후회할 진기명기 국보급

날마다 등산 인파 줄지어 올라간다
가파른 길인데도 힘차게 오르면서
맞은편 장불재 향해 메아리도 보낸다

산 약초 흐드러진 숲속은 치유의 길
한약도 양약재도 외면한 자연 명약
신비의 산초 내음이 우리 건강 지킨다.

부부

당신은 내 오른팔 소중한 단 한 사람
기쁘나 슬플 때나 한마음 한뜻으로
평생을 함께 가야 할 보약 같은 내 낭군

풋풋한 청춘 시절 엊그제 같건만은
어느새 저물어간 석양빛 신세라니
아서라 세월 탓한들 무슨 소용 있으리

두 사람 사는 동안 건강만 따라주면
더없는 행복이요 앞길이 무지개 길
저만치 행운의 글씨 어서 와요 반긴다.

울적할 때

화순에 시집온 지 오십 년 지나갔다
구 남매 맏며느리 고생도 많았지만
남편의 다독거림에 하루하루 버텼다

날마다 반복되는 잡다한 일거리들
오늘은 나 몰라라 미루고 친정 간다
하늘에 흰구름 따라 이 마음도 두둥실

나들이 한나절에 기분은 날개 달아
콧노래 장단 맞춰 손놀림 번개 같다
언짢은 기분일 때는 나들이가 딱 좋아.

낙엽

오늘은 야외 수업 발걸음 가뿐하다
어느새 마음속엔 새처럼 훨훨 날아
오색 꿈 곱게 물들어 행복 나래 펼친다

가을 산 물든 정경 우리들 작품 시간
활짝 핀 얼굴빛은 그림이 주렁주렁
손끝이 생화 앞서며 너무나도 예쁘다

아쉬움 뒤로 한 채 황망히 떠나간다
저 고운 가을 손님 찬바람 등지고서
내년에 다시 보자고 쓴웃음만 남긴다.

여가를 즐기며

한여름 삼복더위 삼계탕 한 그릇에
땀방울 송알송알 맺히며 벌써 뚝딱
달콤한 수박 한 쪽은 후식으로 딱 좋아

이제는 그늘 찾아 잠 한숨 붙일 시간
나뭇잎 살랑살랑 시원한 부채질에
어느새 꿈나라에서 코 곤 소리 들린다

저만치 멀어져간 흰구름 한 무더기
백목련 너울너울 춤추는 사이 지나
여객기 허공 속 뚫고 아스라이 떠간다.

연꽃

진흙 속 묻혀 지낸 수많은 지난 세월
하나둘 세어봐도 정답은 알 수 없다
긴긴날 다듬어놓은 화려하고 귀한 꽃

눈앞에 살랑대는 고고한 꽃숭어리
얼마나 많은 날짜 견뎌낸 결과인지
보세요 각처 인파들 저 우아한 예쁜 꽃

어제는 다섯 송이 오늘은 일곱 송이
연지가 꽃밭 되어 길 가는 나그네들
발걸음 멈추게 하는 물 위에 별 신비 꽃.

이치

오늘이 밤사이에 어제를 지워 내고
제자리 찾기 위해 밝음을 데려온다
판사도 시간 규칙에 단 한 소리 못한다

꼼꼼히 잘 짜 놓은 중요한 하루 일과
맡은 일 책임 완수 제대로 다 마친다
시간은 일분일초도 멈춤 없이 달린다

어느새 하루해가 서산에 가물가물
온갖 새 둥지 찾아 하나둘 날아들고
온누리 초저녁 달빛 전 세계를 비춘다.

나들이

레일 위 달려가는 케이티 고속 열차
얼마 후 대구 지방 산기슭 다다르니
잘 익은 달콤한 사과 너무나도 예쁘다

넓은 들 스쳐 가는 정겨운 농촌 풍경
햇살 속 뚫고 달려 새처럼 날아간다
어느새 서울역 도착 기막히게 빠르다.

희귀 바위

물살에 씻겨 깎인
자연석 짱구 머리
몇백 년
세월 거쳐 다듬은 작품일까
유명인 명품 앞서간
처음 보는 골동품.

냉장고

널따란 거실 한쪽 근사한 미니 가게
날마다 정성 다해 일 분도 쉬지 않고
꾸준히 냉기 보충에 하루 종일 일한다

지금은 편한 세상 찬거리 시장 봐서
필요한 물량만큼 삼 세 끼 사용하는
알뜰한 주부 베테랑 우리 모두 본받자.

나팔꽃

연분홍 저고리에 남치마 펄럭펄럭
야속타 내 님이여 왜 그리 무정하오
밤마다 사랑 목말라 시나브로 시든다

한여름 다 가도록 소식은 깜깜 밤중
언제쯤 오시려나 지쳐서 흐물흐물
이제는 당신 잊을래 정말 정말 영원히.

추석

달마다 보름이면 둥근달 떠 올라도
팔월의 한가위는 가장 큰 탐나는 달
보석이 아름다워도 저 달만은 못하다

온 가족 모여 앉아 엄마는 하얀 송편
언니는 파란 송편 아빠는 심사 위원
가을 향 한가득 담아 정성 다해 빚는다

오늘은 화순 장날 올벼 쌀 햇과일로
온 정성 다 쏟아서 조상님 상 차리면
구수한 가을 내음이 거실 가득 퍼진다.

화투

정이월 지나가고 춘삼월 매화 피니
사월의 죽은 깨가 챙피해 훌쩍훌쩍
오월 초 우아한 자태 유월 목단 환하다

칠팔월 불볕더위 한가위 보름달에
아쉽게 쫓겨나며 억울해 투덜투덜
구시월 고운 단풍에 밤 기러기 외롭다

동짓달 긴긴밤은 한량들 황금 시간
행운이 한 발 한 발 두 손에 들어온다
섣달이 아쉬워하며 마지막 달 닫는다.

조상님 만나는 날

추석날 가족 모두 성묫길 동참한다
들녘의 곡식들은 풍년을 약속하고
과수원 빛 고운 열매 몸 부풀어 무겁다

어느새 목적지가 눈앞에 펼쳐지고
조상들 사이좋게 나란히 모여 있다
영혼도 살았을 때와 같은 위치 순서다

정성껏 상 차려서 큰 절로 재배한다
혼령이 너희들을 만나니 반갑다며
호탕한 웃음소리가 선산 가득 퍼진다.

밤사이

아침에 일어나서 창밖을 바라보니
낯설은 하얀 풍경 저 장면 어디일까
두 눈을 의심케 하는 꿈만 같은 진풍경

한겨울 적막 속에 잠자던 어린 새싹
봄 내음 그리워서 꼼지락 꿈틀꿈틀
이제는 일어날 시간 봄 향기가 부른다.

봄을 한꺼번에

점심때 텃밭 동네 가족들 초대해서
식탁에 다 모이니 봄 풍경 풍성하다
그중에 가장 거만 떤 후보자는 취나물

싱싱한 몸매에서 짙은 향 풍길 때는
아무도 따라올 자 없다며 고개 빳빳
그 위세 상차림 중에 첫 번째란 경고장

꼭 그리 티를 내야 가치가 올라갈까
오히려 가진 미각 깎이는 경솔한 짓
판단은 먹어 본 자가 틀림없는 심사원

이어서 시금치와 봄동도 발끈하며
한파와 싸워 이긴 특별한 강자라고
으스댄 품세 좀 보소 쟤들끼리 난리다.

제비

춘삼월 기다렸나 연미복 멋진 신사
올해도 어김없이 찾아와 지지배배
주인장 기다렸다며 함박웃음 짓는다

작년에 살았던 집 또다시 산다 하니
조금만 보수 공사 한다면 새집 된다
황토로 단장하니까 너무나도 멋지다

이제는 알콩달콩 밤마다 정 나누니
꼬순내 흠뻑 취해 사랑은 무르익고
얼마 후 노란 주둥이 쫙 벌리고 밥 줘요.

탄핵 발표

오늘은 사월 사일 윤석열 집중의 날
결과는 열한 시가 지나서 이십 분경
우리의 바램이었던 속 시원한 보도다

날씨도 화창한 빛 온누리 쏟아붓고
초목도 새 힘 얻어 기쁨을 함께한다
이제야 체증 뻥 뚫려 막힘없이 흐른다

얼마나 가슴 조인 오늘의 결과인지
바라던 우리 꿈이 성공길 이어지니
대통령 계엄 선포가 쑥대밭이 꽃밭 길

여기에 국민 연대 앞장서 큰일 했다
뭉치면 산다는 걸 보여준 교훈이다
아린 이 치료됐으니 우리 모두 파이팅.

이때쯤

가을은 국화 계절 갖가지 곱게 피어
오는 이 가는 사람 반갑게 맞이한다
덩달아 이 마음조차 곱게 곱게 물든다

해마다 시월 축제 이제는 연례행사
오가며 볼 수 있는 친근한 가을의 꽃
올해는 더욱 예쁘게 전시장을 빛낸다

오늘은 가족 모두 한마음 한뜻으로
국화 향 흠뻑 취한 한때의 추억 앨범
마음속 깊은 곳 넣어 소중하게 챙긴다.

입추

가을이 돌아왔다 삼복아 물러나라
한동안 으스대며 거드름 피웠다만
이제는 내 시절이니 어서 빨리 비켜라

자연의 섭리 앞에 한마디 말 못하고
기죽어 뒷걸음쳐 쫓기는 꼴 좀 보소
혼자서 보기 아까워 주변 사람 불렀다

청명한 햇살 속에 곡식은 무르익고
하늘엔 유람 여객 구름 위 높이 난다
설레는 마음까지도 멀리멀리 떠간다.

투표하는 날

오늘은 새 대통령 선출한 중요한 날
소중한 한 표 행사 다 같이 참여하여
잘 사는 대한민국을 전 세계에 알리자

후보들 한결같이 공약은 달콤한데
당선만 되고 나면 모른 척 시치미 뗀
겉다른 까마귀 마음 뿌리 뽑아 없애자

이번엔 또 어떨까 기대는 늘 벗어나
국회는 아수라장 뒤엉킨 실타래다
노벨상 수상자였던 그분 행적 따르자.

평설

임금남 시인의 시조집 출간을 축하하며

박 덕 은(문학박사, 문학평론가)

 임금남 시인은 광주광역시 광산구 임곡동에서 1948년에 아버지 임창묵 씨와 어머니 홍양순 씨 사이에서 8남매, 5남 3녀 중 막내로 태어났다.
 그녀는 임곡 남초등학교, 임곡 중학교를 거쳐, 중앙여고를 졸업했다.
 월간지 《문학공간》 시 부문 신인문학상 수상, 계간지 《아시아서석문학》 시, 수필 신인문학상 수상, 《강원시조》 시조 부문 문학상 수상으로 문단에 데뷔한 이래, 단시조 문학상 차상, 박덕은 미술관 디카시 작품상, 포랜컬쳐 문학상, 치유문학상 시조 부문, 치유문학상 수필 부문 우수상, 커피 문학상 동상, 히말라야 문학상, 삼행시 문학상, 신정문학상 동시 부문, 토방구리

문학상 본상, 김해 시화전 문학상 작품상, 남명문화제 시화문학상 김해예총상 등을 수상했다.

현재, 한국문인협회 회원, 광주문인협회 이사, 광주시인협회 이사, 김현승시인기념사업회 이사, 화순문인협회 회원, 한실문예창작 회원, 현대문예 회원, 충장문학 회원, 광산문학 회원, 한국사이버문예 회원, 문화앤피플 회원, 방그레 문학회 회장 등으로 활약하고 있다.

저서로는 제1시집 『보름달을 삼키다』, 제2시집 『노을을 품다』, 제3시집 『나들이 나온 바람』, 제4시집 『어찌나 예쁜지』, 제5디카시집 『기분 좋은 날』, 제6시집 『모란꽃 필 때면』이 있다.

어느 날 그녀는 다음과 같이 자신의 삶을 회고했다.

"살아온 제 삶은 호사보다는 허접한 생활이었다. 가난한 집에 시집와, 변변치 않는 남편의 직업으로는 턱없이 부족한 생활이었으니까. 9남매의 장손 며느리라, 너무나 버거웠다. 시동생과 자식들 모두 결혼하고 난 지금에 와서야 다소 여유로운 삶을 누리고 있다."

"한문 학원 1년 다니면서 한자 2,000자를 배웠고, 농협중앙회에서 표창장을 받았고, 남편 회사에서 저의 일거일동을 모두 지켜본 후에 준 알뜰 주부 표창장과 금반지를 받은 바 있다. 그밖에 자랑할 만한 것이라고는 남편 환갑 때 미국 관광 다녀오고, 내 환갑 때 유럽 5

개국을 구경했다는 것뿐이다."

자, 이처럼 겸허한 마음으로 지금까지 삶을 알뜰하게 꾸려온 임금남 시인의 시조 세계를 지금부터 향긋이 탐험해 보기로 하자.

> 설경을 붉게 물든 때 아닌 신비의 꽃
> 한파에 저리 곱게 꽃송이 수놓을까
> 도도한 저 모습에서 감탄사가 터진다
>
> 온누리 맑은 햇살 한없이 청명하고
> 꽃 위로 질겅질겅 걸어가는 따스한 빛
> 어찌나 아름다운지 사진 한 컷 남겼다.
>
> ― 「동백꽃」 전문

이 시조에서의 시적 화자는 동백꽃을 신비의 꽃으로 여기고 있다. 맞다. 신비롭다. 겨울의 가슴에 불의 도장을 쾅, 하고 찍은 화인火印이다. 그렇지 않고서야 어찌 '한파에 저리 곱게 꽃송이 수놓을' 수 있을까. 절망과 아픔이 가득한 한파에 희망이라는 화인火印을 저리 꾹 눌러 찍었으니 '도도한 저 모습에서 감탄사가 터진' 것이다. 가만가만 들여다보면 동백나무 어디에 그런 용기가 있었던 것일까. 상처에도 굴하지 않는 불굴의 의지가 숨어 있었던 것일까. 그 의지와 용기가 동백꽃인 것이다. 시적 화자는 동백꽃에 대한 그 마음을 '감탄사가 터진다'라고 에둘러 표현하고 있다. 어찌 보면 동백꽃은 우리에게 불꽃처럼 활활 타오르는 화두를 던지고 있는 것이다. 그 화두를 따라가다 보면 우리도 '꽃 위로 질겅질겅 걸어가는 따스한 빛'을 만날 수 있을 것이다. 감각적인 표현으로 햇빛을 묘사해 더욱 가슴에 와닿는다. 설경 속에서도 저리 붉게, 한파 속에서도 저리 곱게 피어나는 꽃, 수많은 꽃송이가 도도한 모습으로 수놓아져 있는 꽃, 바라볼 때마다 감탄사가 저절로 터져 나오게 하는 꽃, 게다가 맑은 햇살, 따스한 빛이 한없이 청명한 꽃 위로 질겅질겅 걸어가는 모습, 너무나도 아름다워 탄성이 절로 쏟아져 나온다. 견딜 수 없는 아름다움에 그만 사진 한 컷 남길 수밖에 없었다고 고백하는 시적 화자가 귀엽다. 해맑은 마음, 고운 시선이 독자의 감성을 감동에 젖게 한다. 인간의 감성을 미적 가치의 그릇에 담아, 향긋이 전하려는 시조의 세계가 새삼 경이롭게 여겨진다.

    비 개인 파란 하늘 세수한 맑은 얼굴
    이틀간 눈물 콧물 흘렸던 흔적 없고
    어느새 화사한 단장 갓 시집온 새색시
    화초들 쑥쑥 자라 꽃피어 활짝 웃고
    앵무새 쫑알쫑알 짝 찾아 안달났다
    멋진 옷 잘생긴 모습 언제 봐도 예쁘다

대지에 모든 식물 햇살에 반짝반짝
이 마음 함께 따라 호시절 맞이한다
구름아 쉬어가거라 빨리 가면 싫단다.
- 「즐거움이 팡팡」 전문

이 시조에서의 시적 화자는 비 개인 날 하늘을 쳐다본다. 비가 몰아치는 골목은 불길한 점괘처럼 불안하다. 땅바닥에서 나뒹구는 정오의 몸뚱어리가 축축하게 젖어 골목은 한껏 예민하다. 수챗구멍으로 빠져나가지 못한 물들은 수겹으로 쌓이며 소용돌이치듯 똬리를 틀고 있다. 비의 생각은 폭력적이어서 골목은 잔뜩 겁에 질려 있다. 그런 맹독성의 비가 사라지니 '파란 하늘 세수한 맑은 얼굴'로 다가온다. 물어뜯을 것처럼 독니를 드러낸 비도 없고 '이틀간 눈물 콧물 흘렸던 흔적 없'다. 비도 자신의 성격과 외모를 햇살에 세탁한 것일까. 시적 화자는 그 모습을 '어느새 화사한 단장 갓 시집온 새색시' 같다고 말하고 있다. 표현이 깜찍하다. 비 온 덕분에 화초들은 쑥쑥 자라 꽃 피어 활짝 웃고 있고, 앵무새는 쫑알쫑알 짝 찾아 여기 저기 날아다니며 안달나 있다.

멋진 옷, 잘생긴 모습, 언제 봐도 예쁜 앵무새, 그리고 화초들. 뿐만 아니라 대지의 모든 식물들이 햇살에 반짝반짝 하고 있다. 덩달아 시적 화자의 마음도 행복하다. 이 행복이 충만한 시절, 바로 오늘, 어쩌면 호시절이 아니겠는가. 호시절을 만나기 전에 시적 화자도 비처럼 축축하고 눅눅한 한때를 보냈을 것이다. 감당할 수 없는 아픔이 폭력적으로 다가와 주저앉을 때도 있었을 것이다. 슬픔 많은 그 시절이 가고 이제는 호시절을 맞이했으니 앞으로의 여생은 쉬엄쉬엄 즐기면서 가고 싶은 것이다. 그때 하늘을 올려다보며 한마디 한다. 구름아, 제발 쉬어 가거라. 빨리 가면 싫다. 나처럼 서서히 가거라. 늙기 싫어 가슴 조이는 시적 화자의 마음을 읽을 수 있어, 애잔한 분위기가 깔리고 있다. 따라서 제목이 말하는 바와 애전한 분위기가 만나, 인생의 참모습을 내려다보게 한다.

> 하늘 문 활짝 열고 쏟아낸 희디흰 쌀
> 곳간도 노적 탑도 보이지 않았는데
> 어디에 저장했는지 하루 종일 퍼낸다
>
> 온누리 소복소복 골고루 하얀 세상
> 장독대 고봉으로 퍼 담은 상 머슴밥
> 과거엔 밥 배부르게 먹는 것이 큰 행복
> 봄이면 오다가다 밀가루 수제비 죽
> 여름엔 꽁보리밥 가을엔 국민 생일
> 옛날에 선조들 생활 눈물겹게 짠하다.
> - 「폭설·1」 전문

이 시조에서의 시적 화자는 함박눈이 오는 날을 묘사하고 있다. 폭설을 희디흰 쌀로 낮설게 들여다보는 시적 화자의 시선이 멋지다. 시는 이처럼 새로운 해석으로 다가가야 한다. 나만의 관점으로 살피고 들추며 해석해야 한다. 폭설이 만약 희디흰 쌀이었다면 그 옛날 배곯은 시절은 없었을 것이다. 하늘 가득 내리는 꿈의 고봉밥을 입만 벌리면 먹을 수 있으니 얼마나 좋을까. 상상만 해도 행복하다. 허공의 수저를 들어 고봉밥을 뜨고 지상의 밥그릇에 꾹꾹 눌러 담는 겨울이 아름답다. 눈보라가 치면 허공에서 숟가락 부딪치는 소리로 밤새 와자할 것이다. 배가 부른 아침이 하얀 배를 드러내며 빵빵하게 웃을 것이다. 허공의 아랫목은 온통 다디단 고봉밥이어서 바람을 헤치며 걸어도 배가 고프지 않을 것이다. 그런 상상을 하며 하늘 문이 활짝 열려 함박눈이 희디흰 쌀처럼 쏟아진다. 곳간도 노적 탑도 보이지 않는데, 하루 종일 쌓인다. 어디로 퍼냈는지, 어디에 저장했는지도 모르겠다. 하루 종일 소복소복 쌓인다. 하얀 세상을 위해 골고루 쌓인다. 장독대는 고봉으로 퍼담은 머슴밥이 된다. 그때 과거엔 배부르게 먹는 게 최고의 행복이었던 때를 떠올린다. 봄이면 이따금 밀가루 수제비 죽, 여름엔 꽁보리밥, 가을엔 국민 생일, 덩달아 옛 선조들의 가난한 삶과 생활이 그려져, 눈시울이 적시고 짠한 마음이 든다. 함박눈과 함께 어우러져 가슴에 안기는 여러 감성들이 선 곱게 모여들어, 정겨운 추억의 공간을 빚어내고 있다.

>첫새벽 다섯 시에 민가는 고요한데
>도로는 곳곳에서 자동차 불빛이다
>세상은 어수선해도 제 할 일은 다한다
>
>운동길 첫 만남은 미화원 아저씨들
>거리에 군데군데 모여진 쓰레기들
>깨끗이 처리해 주는 고을 일꾼 용사들
>
>여름철 음식물은 지독한 썩은 냄새
>묵묵히 참아내며 말끔히 치워 주는
>일등 급 천사 주역들 너무나도 고맙다.
>― 「새벽을 가르며」 전문

이 시조에서의 시적 화자는 새벽에 조깅을 나선다. 어둠을 밀어내는 새벽을 동쪽이 밀어올리고 있다. 있는 힘껏 팔을 걷어붙이고 동쪽이 불끈 새벽의 등을 받치고 있다. 어둠에 밀리지 말라고 캄캄함에 지지 말라고 동쪽이 응원하고 있다. 그 덕분 때문일까, 새벽을 가르는 걸음들이 바쁘게 움직인다. 미화원 아저씨의 고마움이 새벽을 떠받치고 있어 그 감사가 더 크게 다가온다. 그런 점에서 새벽은 촛불과도 같다. 어떤 기적도 생각할 수 없는 적막 속에서 붉은 혀로 어둠을 겨냥하는 촛불처럼 새벽은 기적 같은 일을 한다. 미화원 아저씨의 수고로움으로 어둠은 차례차례 쓰러진다. 승부사의 기질을 가진 새벽이다. 새벽 다섯 시, 민가들은 고요하다. 도로는 곳곳에서 자동차 불빛뿐 한적하다. 달려가다 만난 첫 대면자는 미화원 아저씨들이다. 그들은 거리 군데군데 모여진 쓰레기들을 깨끗이 처리해 주고 있다. 고마움을 느낀다. 어쩌면 그들이야말로 진정한 용사들인지 모르겠다. 새벽의 피를 수혈받아서일까. 새벽의 혈통을 잇는 헌신과 부지런함을 지닌 그분들에게 시적 화자는 고마워한다. 여름철 음식물과 쓰레기는 지독한 악취가 난다. 이런 악취를 묵묵히 참아가며 말끔히 치워 주는 그들이 오늘따라 너무나 고맙게 여겨진다. 어쩌면 그들은 일등 급 천사 주역들인지 모르겠다고 여긴다. 조깅 때, 밀려오는 생각들을 아주 자연스럽게, 아주 편한 리듬으로 빚어내는 솜씨가 남다르다.

> 당신과 함께했던 사랑이 머물던 곳
> 지금은 헤어진 삶 그 자리 발자취뿐
> 지난날 생각할수록 아쉬움만 쌓인다

흘러간 시간들은 하룻밤 꿈속 불과
현실을 기억하며 미래를 쫓아간다
새봄이 다시 오듯이 소식 또한 온다고
머나먼 남쪽 하늘 흰구름 헤쳐가며
임 소식 입에 물고 힘차게 날아온다
깜찍한 제비 우체부 너무나도 반갑다.
- 「때가 되면」 전문

 이 시조에서의 시적 화자는 님과 함께했던 사랑, 그게 머물던 곳을 바라보며 서 있다. 시적 화자는 이별을 슬프게만 바라보지 않는다. 긍정적이고 밝은 자세로 이별을 대하고 있다. 삶을 대하는 자세가 어떠하냐에 따라서 개인의 운명은 좌우되는 듯하다. 긍정적이고 적극적인 자세는 내일을 밝게 이끌어가지만 부정적이고 비관적인 자세는 내일을 깊은 나락으로 떨어지게 한다. '흘러간 시간들은 하룻밤 꿈속 불과/ 현실을 기억하며 미래를 쫓아간'다. 명료하다. 눅눅한 이별이 시간의 책갈피에서 걸어 나와 정오의 발목을 붙들고 저녁의 허리를 부여잡으며 징징거렸을 텐데, 그 모든 이별의 감정을 잘 다독이고 있다. 사랑이 힘든 건 사실은 이별의 상처가 너무 커서 두려운 것이다. 맹목의 자세로 매달리는 상처를 어찌하지 못해 긴긴밤을 불면으로 지새운다. 아픔으로 밤의 지문을 찍으며 달빛을 건너고 새벽을 건너며 뜬눈으로 밤을 샌다. 하지만 시적 화자는 '새봄이 다시 오듯이 소식 또한 온다'고 희망을 갖는다. 아름다운 자세다. 지금은 헤어진 삶, 그 빈 자리엔 아쉬움만 쌓이는 발자취뿐, 아무것도 남아 있지 않다. 흘러간 시간들은 허망하게 하룻밤 꿈에 불과하다. 현실에 발을 디디고 미래를 쫓아가 보지만, 허공만 덩그레 떠 있을 뿐이다. 새봄이 다시 오듯이 소식 또한 와 준다면 좋으련만. 머나먼 남쪽 하늘을 바라보니 흰구름이 떠가고 있다. 그 속으로 제비가 임 소식 입에 물고 힘차게 날아오는 듯하다. 깜찍한 제비 우체부가 너무나도 반가워 눈물이 난다. 애잔한 시적 화자의 마음이 봄날에 너울너울 날아와 독자의 가슴에 안긴다. 서정적인 감성이 소롯이 안겨 아름다운 정경을 그려놓고 있다.

둥근달 하늘 가득 퍼지는 정월 보름
아낙들 모두 모여 민속춤 펼쳐진다
온 국민 흥겨운 잔치 대한민국 전통춤

꽃처럼 고운 얼굴 보름달 닮아가고
옷고름 펄럭펄럭 풍년이 주렁주렁
한 해의 희망 보듬고 빙빙 돌며 즐긴다

흥겨운 율동 맞춰 부르는 노랫가락

온 고을 퍼져 나가 풍악 속 취해 가고
단풍빛 고운 옷맵시 각양각색 곱구나.
- 「강강수월래」 전문

  이 시조에서의 시적 화자는 정월 보름에 펼쳐지는 아낙네들의 민속춤 강강수월래를 관찰하고 있다. 강강수월래는 우리나라의 대표적인 전통 춤으로 주로 여성들이 동그랗게 원을 그리며 손잡고 노래하며 춤을 추는 민속 무용이다. 주로 추석과 같은 명절에 행해졌다. 농경 사회에서 풍년을 기원하고 단합을 다지는 역할을 했다. 보름달처럼 만삭의 가을을 기원하는 간절함으로 노래하고 춤을 추었을 것이다. 달빛 걸음을 걸으며 묵혀둔 아픔을 가라앉히고 캄캄한 우울을 삭이며 달의 체온으로 환한 내일을 꿈꾸었을 것이다. 달빛으로 물든 밤의 안색이 맑아 서로의 손을 잡은 여인들은 즐거움에 젖어 서로의 어깨를 다독였을 것이다. 보름달을 닮아가는 얼굴들이 꽃처럼 곱다. 옷고름 펄럭거리고 풍년은 주렁주렁 열려 있고, 보름달은 높이 떠 있다. 이때 옷고름 펄럭거리며, 희망 보듬고 빙빙 돌며 행복한 마음을 즐기는 아낙네들, 흥겨운 율동이 시작된다. 여기에 보태지는 향긋한 노랫가락, 덩달아 풍악이 보태져 점점 흥에 취해 간다. 강강수월래를 추며 돌아가는 아낙네들의 단풍빛 고운 옷맵시가 유달리 아름답고 곱다. 다양한 개성과 각양각색이 한 자리에 모여, 어우러져 어울림의 미를 창조해내고 있다. 이 모습이 사람들이 살아가는 이상적인 세계이다. 다양한 개성, 다채로운 색깔, 여러 견해, 서로 어우러져 조화의 미를 창출해내는 세상, 그게 아름다움이고 그게 민주주의이고, 그게 이상국가가 아니겠는가. 그런 점에서 우리 한국인의 민속춤 강강수월래는 오래 보전해야 할 우리 민족의 보물이다.

> 연둣빛 방긋방긋 따스한 어느 봄날
> 허공은 텅텅 비고 하늘은 맑디맑아
> 무작정 계획도 없이 발길 따라 걷는다
>
> 가다가 들꽃 만나 이야기 나눌 때면
> 지난날 모든 잡념 깨끗이 지워지고
> 눈앞에 보이는 정경 꽃밭으로 보인다
>
> 동백꽃 흐드러져 공원 길 걸어가면
> 왼쪽에 시장 있고 오른쪽 병원 있다
> 맞은편 초등학교에 태극기가 멋지다.
>
> － 「일기」 전문

이 시조에서의 시적 화자는 어느 따스한 봄날 산책

길에 나선다. 그 하루의 '일기'를 통해 지나온 시간을 담담하게 그려놓고 있다. 누구에게나 주어진 하루이지만 하루를 어떻게 보내느냐는 전적으로 개인의 몫이다. 시침과 분침의 지층이 켜켜이 쌓여 있는 하루. 어떤 시간대에는 아픔을 방류하기도 하고, 또 어떤 시간대에는 웃음을 방류하면서 해 질 녘을 건너 저녁으로 들어선다. 닦달하는 초침도 없는데 우리는 바삐 정오로 향하고 오후로 향한다. 시적 화자는 그 모든 바쁨을 내려놓고 어느 날 '허공은 텅텅 비고 하늘은 맑디맑아/ 무작정 계획도 없이 발길 따라 걷는'다. 마음의 번잡함이 없으니 들꽃과도 대화를 나눈다. '눈앞에 보이는 정경 꽃밭으로 보인'다. 시적 화자의 시선이 곱다. 이런 일기를 매일 쓸 수 있다면 얼마나 좋을까. 우리는 빨리빨리라는 속도에 너무 길들여져 있다. 종종거리는 초침의 보폭으로 걷고 달리고 뛴다. 속도에 얽매이면 들꽃과 얘기를 나눌 수 없다. 무작정 나선 산책길, 허공은 텅텅 비어 있고, 하늘은 맑디맑고, 사방이 연둣빛으로 둘러싸여 있다. 따스한 햇살이 사근거리고, 길가에 들꽃들이 피어 있고, 공원 길가에는 동백꽃들이 흐드러지게 피어 있다. 거니는 도중 온갖 잡념이 다 사라지고, 눈앞 정경들은 온통 꽃밭으로 보인다. 길 가던 중 왼쪽에 시장이 늘어서 있고, 오른쪽에는 병원이 서 있다. 시장을 통해 치열한 삶, 병원을 통해 노년의 병약한 삶이 상징으로 자리잡고 있는 듯해 마음 한쪽이 서늘해진다. 다행히 맞은편에 초등학교가 맞아 준다. 거기서 펄럭이는 태극기가 평화를 이끌어 가는 나라를 대변해 준 듯하여, 어느덧 마음이 훈훈해진다. 자연스런 리듬 위에 실어놓은 경쾌한 이미지가 싱그럽다.

> 진종일 허드렛일 해결한 고된 삭신
> 그 무게 방바닥에 부리고 신세 한탄
> 세상사 밥 먹고 살기 너무너무 힘들다
> 만약에 주춧돌인 허리가 고장 나면
> 노년의 생활계획 때 지난 보증 수표
> 적신호 떨어지기 전 어서 빨리 건너자
>
> 이제는 아침 햇살 해 뜨는 동쪽 하늘
> 인내는 쓰지만 결과는 달콤한 것
> 몇십 년 노력한 대가 흐드러진 꽃밭길.
> ―「황혼의 무지갯길」 전문

이 시조에서의 시적 화자는 직장에서 돌아와 자신의 황혼을 내려다보고 있다. 시적 화자는 생의 지문이 닳아지는 줄도 모르고 오늘도 열심히 일을 한다. 사는 게 어디 만만한 적 있었던가. 신열이 올라와도 하루를 살아내야 하기에 눈물 많은 거리를 다시 걸어야 한다. 그나마 다행인 것은 허리가 아직은 괜찮다는 것이다. 생의 오르막과 내리막을 허리춤에 매달고 다녔지만 허리가 고장나지는 않았다. 그 허리로 불황을 건너오고 자식의 전성기를 만들어 주기 위해 안간힘을 썼을 텐데도 감사하게도 아직 허리는 건강하다. 시적 화자는 허리를 건강한 삶을 위한 보증 수표라고 말한다. 맞다. 아찔한 생의 비탈을 그 허리로 견뎌냈으니, 여생도 건강한 허리만 있다면 그 어떤 난관도 이겨낼 수 있을 것이다. 진종을 허드렛일 하고 돌아온 삭신을 방바닥에 눕힌다. 신세 한탄을 해본다. 세상사 밥 먹고 살기 참 힘들다. 어찌 이리 세상살이가 힘드나. 만일에 허리가 고장나면 어쩌나. 노년의 생활 패턴이 확 달라져 버릴 텐데. 허리 적신호 오기 전에 어서 할 일 처리해야 할 텐데. 그 고생 끝에, 이제는 아침 햇살 내리비치는 동쪽 하늘 아래 살고 있다. 인내는 힘들고 쓰지만, 그 결과는 달콤하고 행복한 것. 몇십 년 노력하고 애썼으니, 이제는 평온을 누릴 차례, 저기 흐드러진 꽃밭길이 노후의 삶이 아닐까. 시적 화자의 마음을 알 것 같다. 노후에 이런 행복을 누릴 수 있다면, 더 이상 무얼 바라겠는가. 노년이 되기 전에 갖추어야 할 게 무엇인지를 꼼꼼하게 살펴보아야겠다.

새하얀 이불 덮고 얼마나 오래 잤나
눈뜨니 한 뼘 자라 오동통 살쪄 있다
삼월이 햇살 한 트럭 퍼다 붓고 부르릉

저 멀리 아지랑이 춤추며 손짓한다
푸른빛 사이로 실바람 스쳐가면
일제히 온몸 흔들며 오는 손님 맞이한다.
- 「보리」 전문

 이 시조에서의 시적 화자는 보리의 봄을 그려내고 있다. 보리는 보릿고개를 떠올리게 하는데 시적 화자는 보리를 평온의 공간으로 그리고 있다. 추운 겨울도 '새하얀 이불 덮고 얼마나 오래 잤나/ 눈 뜨니 한 뼘 자라 오동통 살쪄 있'다며 다정하게 표현하고 있다. 보리로 출렁이는 초록의 연대가 다정하다. 한겨울에도 푸르름을 잃지 않는 초록, 적막 속에서도 오동통 살찌는 농담을 할 줄 아는 여유가 느껴진다. 시적 화자의 사물을 대하는 자세가 따스하다. 그 따스함 때문인지 '삼월이 햇살 한 트럭 퍼다 붓고 부르릉' 떠난다. 유머가 넘친다. 보리는 초록의 농담으로 키가 크고 여물어간다. 지난 겨울 새하얀 눈이불 덮고 지루한 잠을 자던 보리, 어느 봄날 눈뜨니 보리가 한 뼘 자라 있고, 오동통 살까지 쪄 있다. 그 푸르름 위에 삼월의 햇살이 햇살 한 트럭 퍼붓고 부르릉 떠나고 있다. 저 멀리 아지랑이 춤추며 반가워 손짓한다. 여기서 좀 쉬었다 가세요. 봄날의 한가로움을 맘껏 즐기다 가세요. 푸른 빛 사이로 실바람 스쳐갈 때, 보리는 온몸 일제히 흔들어 오는 손님들 반겨 맞이하고 있다. 마치 동심의 세계에서 노니는 듯 그 시선이 평화롭다. 전쟁, 기아, 반군, 폭력, 살인 등이 난무하는 현대사회 어두운 구석들과 대비되는 한가롭고 순수하고 평화롭고 자유로운 공간, 이게 보리밭이 제공해 주고 있다. 시의 지향점이 어디에 있어야 하는지를 호소하고 있는 듯하다.

> 긴 세월 친친 감긴 골동품 그림 한 점
> 잡초들 제철 만나 맘대로 터 잡았다
> 곤충과 동물 가족들 점점 늘어 대만원
> 거미는 씨줄 날줄 비단실 그물 짜고
> 만삭된 고양이는 배 아파 산실 든다
> 곧이어 탄생 신고식 야옹야옹 귀엽다
>
> 허름한 빈집에는 동물들 산부인과
> 어제도 그저께도 새 생명 울음소리
> 민가에 아기 소식은 언제쯤에 들릴까.
>
> -「흉가」전문

　이 시조에서의 시적 화자는 흉가를 따스한 시선으로

세밀히 관찰하고 있다. 이 시조는 제목과는 달리 활달한 느낌이 드는 빈집이다. 처음 폐가는 조등 같은 달을 밤하늘에 매달고 장례를 치르며 슬픔에 젖어 아파했을 것이다. 삼일장을 치르고 장지로 떠난 낮과 밤을 부축하며 함께 울었을 것이다. 어느 날, 그 울음 뒤로 풀벌레 소리 들리고 풀꽃들이 제 식솔을 이끌고 빈집으로 들어왔을 것이다. 이제는 그 수가 늘어 대가족이 산다. 집 모퉁이에는 거미가 자신의 생을 비단실 그물로 한 코 한 코 짜고 있다. 귀기울이면 철커덕 철커덕 씨줄 날줄 엮는 소리 들릴 것만 같다. 이 집을 누가 폐가라 부를 수 있을까. 생명이 태어나는 공간, 초록이 숨쉬는 공간으로 탈바꿈한 것이다. 어쩜 폐가는 긴 세월 친친 감긴 골동품 그림 한 점일지 모른다. 제철 만나 맘대로 터잡고 기세를 부리는 잡초들, 점점 더 늘어나 대만원을 이루고 있는 곤충과 동물 가족들, 씨줄 날줄 비단실 그물 짜고 으스대는 거미, 배 아파 산실 들어 새끼 낳는 고양이, 야옹야옹 귀여운 소리를 내는 새끼고양이. 어느새 허름한 빈집이 동물들의 산부인과가 되어 있다. 날마다 새 생명 울음소리로 가득하다. 하지만, 진정으로 바라는 민가의 사람 내음, 아기 탄생 소식은 언제쯤 들리게 될까. 점점 빈집이 늘어가는 시골, 폐가가 갈수록 늘어가는 마을, 인구도 줄어가고, 아기 울음소리는 듣기 어렵고, 적막한 세월만 자리잡고 비켜주지 않는 쓸쓸한 정경을 손에 잡힐 듯 그려내고 있다. 이미지 구현을 통해 그림의 시를 전할 때, 독자는 마음 편히 시를 감상할 수 있어 좋다.

> 꽃잎도 낙엽들도 뿔뿔이 흩어지고
> 뼈대만 앙상하게 자신 몸 과시하며
> 설한풍 적군과 싸워 이겨 내는 강인함
>
> 헐벗은 몸뚱이라 얕보면 오산이다
> 해마다 견뎌내는 한겨울 연례행사
> 삼월엔 푸른 나래 꿈 활짝 펴고 봄 만세
>
> 이제는 우리 시대 겨울아 물러나라
> 세상은 공평하고 계절은 돌고 돌아
> 또다시 푸른 잎 세상 기막히게 빠르다.
> － 「인내는 성공」 전문

이 시에서의 시적 화자는 나목의 위대함을 그려내고 있다. 여기서도 나목에 대한 시선이 긍정적이면서 밝다. 잎도 버리고 꽃도 버리고 열매도 버린 나목의 용기와 불굴의 의지가 그려져 있다. 깡마른 몸으로 겨울을 견디는 힘은 도대체 어디서 나오는 것일까. 상처

와 어제와 그리움이 덧대어진 뿌리에 어떤 나무의 신념이 깃들어 있는 것일까. 척박한 겨울을 견디며 살아남기 위한 뿌리의 표정을 잠시 떠올려본다. 차가운 흙을 단단히 부여잡은 어떤 목표가 밑동으로 올라가고 다시 줄기로 올라가서 눈보라를 견디게 하는 것일까. 바람에 흔들리면서도 바람을 껴안는 적극의 자세로 나목은 겨울을 건넌다. 그 나목을 보며 시적 화자는 우리 시대의 겨울을 잘 견디자고 말한다. 꽃잎도 낙엽들도 뿔뿔이 흩어지면, 뼈대만 앙상한 나무로 남는다. 그런데도 나목은 설한풍과 맞서 싸워 이겨낸다. 헐벗은 몸뚱이일지라도, 얕볼 상대가 아니다. 오히려 자기 몸 과시하며 당당히 겨울과 맞서 승리한다. 그러다 삼월엔 푸른 나래의 꿈 활짝 펴고 봄 만세를 부른다. 겨울은 물러나고, 드디어 나무의 시대가 도래한다. 세상은 공평함을 입증한다. 계절은 돌고 돌아, 평화로운 시절을 맞는다. 앙상한 시절을 지나, 푸른 잎 무성한 세상을 맞이한다. 기막히게 빠른 계절 돌기를 통해, 인생을 배우고, 인내의 위대함을 배운다. 인내는 곧 성공의 디딤돌임을 다시 한 번 깨닫게 된다.

잔잔한 물결 위에 한 척의 떡갈잎 배
손님도 안 태우고 무조건 직진한다

아득히 멀어져 가는 사공 없는 텅 빈 배

저 멀리 등대지기 언제나 변함없이
한곳에 터 지키며 방향 길 안내하고
어부들 생활 터전에 도우미로 나선다

유람선 뱃머리에 태극기 휘날리고
구름은 희롱하듯 꽃무늬 그리다가
또다시 흩어지면서 다음 작품 준비 중.
- 「목적지가 어디인지」 전문

 이 시에서의 시적 화자는 잔잔한 물결 위에 떠가는 떡갈잎을 목격한다. 목적지가 어디인지 분명히 알고 가는 인생은 쉽게 좌절하지 않는다. 어려움이 다가와도 방향을 알기에 다시 일어설 수 있다. 하지만 목적지가 분명하지 않으면 우왕좌왕할 수 있다. 삶의 방향이 없어 결국에는 쉽게 지쳐 과부하가 걸리기 쉽다. 생의 발목에 무리가 가면 자꾸만 삐끗거릴 수 있다. 주저앉은 생의 발목이 자꾸만 눈물을 흘리고, 어제의 발목은 내일의 발목을 의심하고, 내일의 발목은 망설임만 가득해 걱정만 늘 것이다. 발목에 힘을 주려면 목적지가 분명해야 한다. 그 목적지에 관하여 시적 화자는 떡갈잎 배, 구름 등을 동원해 얘기를 풀어가고 있다. 이 떡갈잎 배는 손님도 안 태우고, 무조건 앞으로 직진하고 있다. 사공도 없이 빈 배로 아득히 멀어져 간다. 저 멀리 등대지기는 늘 그랬던 것처럼 한곳을 지키고 서서 가야 할 방향을 제시해 준다. 어부들의 생활에서도 등대는 방향을 알려 주는 도우미가 된다. 유람선 뱃머리에 태극기가 휘날리면, 구름은 희롱하듯 꽃무늬 그리다가, 또다시 흩어진다. 다음 작품을 기다리는 구름, 태극기 휘날리는 유람선, 아득히 멀어져 간 떡갈잎 배, 이들이 그려낸 한가로운 바닷가, 뭔가 방향을 잃고 사라져 가는 군상들, 방향 잃은 나라를 걱정하는 마음까지 가미해, 복잡미묘한 감성의 세계를 자극하고 있다. 어쨌든 사색의 기회를 제공해 준 시적 화자가 고맙다.

시조는 우리 한국인의 의식과 애환과 리듬이 담겨 있는 문학 장르이다. 그래서 정형율격을 지킬수록 시조의 맛깔스러움이 살아난다. 우선 시조는 리듬이 유연해야 한다. 초장과 중장에서 3.4, 3.4의 리듬, 종장에서 3.5, 4.3의 마무리 리듬이 조화롭게 어우러져야 한다. 그리하여, 우리 민족의 7.5조와 함께 손잡고 흥겨움을 자아낸다. 이왕이면, 이러한 정형율격 위에 의미의 파도를 타야 한다. 초장에서는 시간적 배경과 공간적 배경을 깔아 주면 좋다. 어느 시대에 어느 시간대에 어느 환경에 처해 있는가. 전쟁 상황인가, 평화시인가, 새벽인가, 오후인가, 해름참인가를 알려 주어야 한다. 시적 화자는 어느 지역에 서 있는가. 관찰자의 시선은 어디서 어디로 향하고 있는가를 우선 밝혀 주어야 한다. 중장에서는 세파에 대한 얘기를 배치해야 한다. 세상사, 세계관의 흐름, 당대 현실의 치열한 의식을 다룰 수 있어야 한다. 종장에서는 그런 세파나 세계관에도 불구하고, 나의 인생관, 나의 관점, 나의 시야는 어떠한가를 드러내 주어야 한다. 그게 시조의 맛이다. 이왕이면, 시조의 흐름을 서술이나 직설적 표현보다는 에둘러 표현할수록 좋다. 이미지 구현이나 낯설게 하기, 즉 새로운 해석을 통해 사물을 상큼하게 바라보는 길을 개척해야 한다. 또한 읽을 때 감성의 다채로움을 만나게 해주고, 감동의 전율과 손잡게 해 주어야 한다. 그럴 때 오는 행복이 감성 속으로 스며들게 되면, 시조의 맛과 멋이 향긋이 살아나게 된다.

  임금남 시인의 시조는 이러한 특질을 두루 구비하고 있어 눈길을 끈다. 날마다 새벽 운동, 직장 생활, 밤에는 창작 생활의 반복이지만, 생기 있게 활기차게 생활하고 있는 시인의 자세가 부럽다. 여기에 시조 내에 요소 요소에 묘사의 배치, 되도록 선명한 이미지 구현, 연시조일 때는 각 수마다 참신한 해석, 낯설게 하기를 배치하여, 상큼한 시적 형상화를 보태고, 감성과 감동으로 파고드는 전율의 묘미를 활용하여, 독자의 눈길과 마음을 사로잡아 가기를 바란다. 그리하여, 제2, 제3시조집은 보다 많은 독자들을 감동시키는 열매가 되기를 소망한다.

- 벚꽃이 만발하여 감탄을 자아내는 봄 오솔길을 다녀와서
한실문예창작 지도 교수 박덕은
(문학박사, 전 전남대학교 교수, 문학평론가
시인, 시조시인, 동화작가, 소설가, 화가
광주시민사회단체(523개)총연합회 대표회장
기본사회위원회 수석부위원장(광주)
박덕은 미술관 관장, 대한민국시문학회 회장
노벨재단 이사장)

임금남 시조집
시인의 길

인　　　쇄　2025년 4월 22일
발　　　행　2025년 4월 25일
지 은 이　임 금 남
펴 낸 이　노 남 진
편　　집　장 숙 영
펴 낸 곳　(사)한림문학재단·도서출판 한림
　　　　　61488 광주광역시 동구 백서로125번길 11(금동)
　　　　　(062)226 - 1810(代)·3773
　　　　　E-mail. hanlim1992@kakao.com
　　　　　출판등록 제1990 - 000008호(1990. 9. 14.)

ⓒ 임금남, 2025
이 책의 저작권은 저자에게 있습니다.
저자와 출판사의 허락없이 내용의 일부를 발췌하거나 인용할 수 없습니다.

값 12,000원
ISBN 978-89-6441-598-6　03810

* 이 책의 판매처 _ 교보문고, 예스24